RECUEIL

DES

RÈGLEMENS

DE

LA FONTAINE D'EAU SALÉE

DE SALIES,

*Arrêts du Conseil d'Etat du Roi, et Arrêtés du
Préfet du département des Basses-Pyrénées
et des Consuls de la République.*

———◦⟨⟩◦———

BAYONNE,

IMPRIMERIE ET LITHOGRAPHIE DE P. LESPÈS, RUE CHEGARAY, 12.

RECUEIL

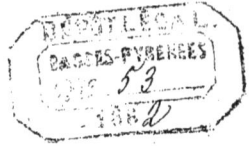

DES RÈGLEMENS
DE LA FONTAINE D'EAU SALÉE
DE SALIES,

Arrêts du Conseil d'Etat du Roi,
et arrêtés du Préfet du département des Basses-Pyrénées
et des Consuls.

RÈGLEMENT

DE LA FONTAINE D'EAU SALÉE DE SALIES,

écrit en idiôme Béarnais et en Français,

Du 11 novembre 1587.

AU NOM DE DIU.

LOU onze de novembre mil cinq cens oeytante-sept à la requisition de Joan Dondats, Arnaud de Cournau, Gassiot de Haget, Arnaud de Hontàas, goardes et asssemblade la commune deffens lou temple de St-Vincens seguin l'anciene coustume, et assemblats lous jurats,

AU NOM DE DIEU.

LE onze de novembre mil cinq cens quatre-vingt-sept, à la requisition de Jean Dondats, Arnaud de Cournau, Gassiot de Haget, Arnaud de Hontàas, gardes et assemblée la commune dans le temple de Saint-Vincens selon l'ancienne coutume, et assemblés les ju-

goardes, députats et communautat de-
quere, et après aber invocat lou nom de
Diu, demandat auxdits Dondats, de
Haget et de Cournau goardes, s'y lour
aben assignat tant à lour nom; que
d'Arnaud de Hontàas malau, s'y bien
goarde de lad. commune per entender la
voluntat que lour aben de leur remontrar
certains articles, sus la police, et regla-
ment de l'aïgue de la font salade, per
esvitar lous desourdis, abus et despens
qui se fen causan la insatiable ava-
rici qui lous pousse de metter en procès,
lous habitans de quere sus ladite fond;
sus que lousdits goardes juran aber bien
et degument assignats tous lousdits habitans, seguin ladite coustume ancienne,
et après lous jurats et deputats aben
entendut tal rapport pregan à Mᵉ Ber-
trand de Ste-Gracie, avocat au conseil
et avocat de de la presente ville, vouler
remontrar au poble lous articles dressats
per lousdits jurats et deputats, et per
lour demandar conseil en la ville de Pau
dequeits, à M. de Boirie, Lacoste et
Soberio et Ste-Gracie, et de Lalanne s'y
acquets trouveran bous ladite Commune,
cum lous susdit de Boirie et Consorts, et
aben aussi lodit de Sente-Gracie acceptat
la charge, fée lecture dequets à haute et
intelligible bouts, et aben bien entendut
lou poble acquets, acquets abouan, lau-

rats, gardes, députés et communauté
d'icelle, et après avoir invoqué le nom
de Dieu, demandé auxdits Dondats, de
Haget, et de Cournau, gardes, s'ils
avaient assigné tant en leur nom qu'en
celui de Arnaud de Hontàas, malade,
aussi garde de ladite commune, pour
entendre la volonté qu'ils avaient de
leur remontrer certains articles sur la
police et règlement de l'eau de la fontaine salée pour éviter les désordres,
abus et dépens qui se faisaient à cause
de l'insatiable avarice qui les pousse à
mettre en procès les habitants de la
commune au sujet de ladite fontaine :
sur quoi lesdits gardes ont juré avoir
bien et dûment assigné tous les habitants suivant ladite coutume ancienne ;
et après les jurats et députés ayant entendu le rapport, ils ont prié Mᵉ Ber-
trand de Sainte-Gracie, avocat au conseil et avocat de la présente ville, de
vouloir remontrer au peuple les articles
dressés par lesdits jurats et députés, et
demander conseil en la ville de Pau, à
M. de Boyrie, Lacoste, et Soberio et
Sainte-Gracie, et de Lalanne, si ladite
commune les trouve bons comme le
susdit de Boyrie et consorts, et a aussi
ledit de Sainte-Gracie accepté cette
charge et fait lecture desdits articles à
haute et intelligible voix, et le peuple

dan, et ratiffian touts genera'ement et à talles fins llevan la man haut; en ainsi acq juran et acquets abouau touts en commun chens augune contradiction de personne et donnant charge auxdits jurats et deputats far entretenir acquets de punt en punt, tout ainsi que son escruits et couchats cum tal sie lour vouler; et ainsi lous approben, et estan separades las cinquoantenes en quoate parts esté restat que lousdits articles seran mettuts au libre negre, quo present libre de rest per après estar signats deudits goardes, jurats et deputats qui se saberan signar, per acqueits servir per lou present, et per l'advenir per tout temps et à jamés cum estan bous et raisonnables et equitables à ladite communautat, com esten per lour aboats et approvats et per lou regard deus articles qui esten déliurats à las cinquantenes acquets son estats remettuts entre mas deu controlle per lous metter au coffro de la ville so que fou feit, et se sont signats lous qui an sçabut escribe.

les ayant bien entendus, ils les ont avoués, loués et ratifiés tous généralement, et à cet effet levé la main en haut, ils ont juré et les ont approuvés tous en commun sans aucune contradiction de personne, et donnant charge auxdits jurats et députés de les faire entretenir de point en point tout ainsi qu'ils sont écrits et couchés, puisque telle est leur volonté, et qu'ils les approuvent ainsi, et s'étant séparées les cinquantaines en quatre parties, il a été arrêté que lesdits articles seraient mis au livre noir, pour être ensuite signés desdits gardes, jurats et députés qui sauront signer, et pour iceux servir pour le présent et pour l'avenir, en tout tems et à jamais comme étant bons et raisonnables, et équitables à ladite communauté, comme étant par eux avoués et approuvés : et à l'égard des articles qui ont été délivrés aux cinquantaines, ils ont été remis entre les mains du contrôleur pour les mettre au coffre de la ville, ce qui fut fait, et ceux qui ont su écrire ont signé.

AU NOM DE DIU.

Lou sedze de novembre 1587 per nous jurats, sçaver es Peiroutou de Bordenave, Arnaud-Guilhem de Ste-Gracie, Jean de Salles, Arnaud de Forbeit, Pierrot de Barranque, Joannou de Haget, Guirauton de Coustaler, Arnaud de Naba, Arnaud-Guilhem de Capdeville, Ramonet de Lostalot, et autres deputats, Gassiot de Hajet, Arnaud de Cournau, este mettut et feit lou present rest per commandement de la commune degudement assemblade en le temple de St-Vincens lou onze deü present mes, per observar lous articles qui seran mettuts en lou present libe et ladite commune à baillade talle charge per far goarder acqueits per ares et à l'avenir cum tal sie lou vouler de ladite cammune, et ainsi lous plats, sien goardats et entretienguts et à talles fins enregistrats et mettuts en lou present libe qui son com de jus senseq.

Prumerament au nom de Diu.

D'autant la ville de Salies enter autres bées que Diu lous aye departit en commun per dacquets en dispausar cum un particulier en far poeyré de sa cause propy, ladite ville aben propy, et particular à lour, la font salliere qui es en ladite

AU NOM DE DIEU.

Le seize de novembre mil cinq cens quatre-vingt-sept par nous jurats, savoir est Peyroutou de Bordenave, Arnaud-Guilhem de Sainte-Gracie, Jean Salles, Arnaud de Forbet, Pierrot de Barranque, Jeannou de Haget, Guirautou de Coustallé, Arnaud de Naba, Arnaud-Guilhem de Capdeville, Ramounet de Loustalot, et autres députés ; Gassiot de Haget, Arnaud de Cournau, a été mis et fait le présent arrêté par commandement de la commune dûment assemblée dans le temple de Saint-Vincens, le onze du présent mois, pour observer les articles qui seront mis dans le présent livre, et ladite commune a donné telle charge, pour iceux faire garder pour le présent et à l'avenir, telle étant la volonté de ladite commune, et parce qu'il leur plaît ainsi ; qu'ils soient gardés et entretenus ; et à cette fin enregistrés et mis dans le présent livre comme il suit :

Premièrement au nom de Dieu.

D'autant que la ville de Salies, entr'autres biens que Dieu leur a départis en commun pour d'iceux en disposer comme un particulier peut faire de sa propre chose, ladite ville possède comme propre et particulière à soi, la fontaine

ville, laquoalle anciennement se accous-
tumabe tirar à la foule, ont y abé un
très grand desourdy et confusion, et la
plus part deu poble, enter autres las
femmes veudes, enfans orphelins demou-
raben pribats deu bien susd. commun, à
faute daber moyen de pouder tirar de
ladite aïgue, ab lous autres qui aben
force pouder et facultat dey meter ou
bien dey anar en persones, abent bou-
lut provedir à tal desourdy lous manans et habitans de ladite ville despuix
quatorze ans en sa, auren feit entrer
lour augun reglement toucant la distribution de ladite aïgue. Seguin louquoal se sont gouvernats entro l'hoi e
presente, auren lous touts, goardats
inviolablement, tant entro auguns per-
sonnages poussats d'une insatiable ava-
ricy, sollicitats per auguns mal affec-
tionnats au bien de ladite ville, et repaus
de quere auren intentat plusieurs procès,
et per so que no y a cause plus préciouse
et digne de louange que de biber en bonne
concorde, laquoale tout homy de bien
cregnen Diu deu desirar, et per touts
moyens embrassar per coupar broche et
obviar à tals inconvéniens ; voulent et dé-
sirans lous manans et habitans de ladite
ville amatours deu profieit et avancement
de quere anar au devant de touts autres
differens procès, questions qui pouderen

salée qui est dans ladite ville, laquelle
était accoutumée d'être vuidée anciennement en foule, d'où résultait un très-
grand désordre et confusion, et la plus
grande partie du peuple, entr'autres les
femmes veuves, enfans orphelins, de-
meuraient privés du susdit bien com-
mum, faute d'avoir les moyens de
pouvoir tirer de l'eau avec les autres
qui avaient force, pouvoir et faculté
d'y envoyer ou bien d'y aller en personne, et auparavant voulant pourvoir
à tel désordre, les manans et habitans
de lad. ville auraient fait entr'eux depuis quatorze ans un règlement touchant
la distribution de l'eau salée, suivant
lequel, ils se sont gouvernés jusqu'à
présent et l'ont tous gardé inviolablement, jusqu'à ce qu'aucuns personna-
ges poussés d'une insatiable avarice,
sollicités par des gens malintentionnés
pour le bien de ladite ville et repos
d'icelle, ont intenté plusieurs procès,
et comme il n'y a point de chose plus
précieuse et digne de louanges que de
vivre en bonne concorde, laquelle tout
homme de bien craignant Dieu doit
désirer et embrasser par toute sorte de
moyens, pour couper la racine de et
obvier à tels inconvéniens : voulant et
désirant, les manans et habitans de ladite ville, amis du bien et avancement

esta per ci-après, et au tout desirant metter bon ordre après nous aber agut proposant l'ourdy ancien, qui ere enter lour goardat et lou noubeigt despuix quatorze ans en ça feit, per lour observats, nous aben à nous jus signats requerits lous jurats de ladite ville lous en baillar avis conseil et regle per se pouder regir, et gouvernar lous touts per ci-après en bon ordre et en bonne concorde ; aben dressat lous articles seguins, lous quoals nous semblen estar equitables, et resonnables.

1° *Prumerament* que tout cap de mayson tienen famille, hereter, maridat ou maridar, amanaidat ou chens mainadyes, encouere fousse desabiengut deu maridadge et damourasse soulet ou soulette, tire lou conde de sauce cum cap de maison, et famille tiennen, goardat l'ourdi ancien, saver es, que los caps de maison tiren lous prumés.

2° Item, *tous locataris, et sterles maridats tenens familles à part tiren conde de sauce, après lousd. caps de maisons en segoud reng, si son fils de vesins et non autrement.*

3° Item, que lou filh de cap de maison hereter futur encoere, se separi de la compagnie de son pay et may, sie mari-

d'icelle, aller au-devant de tous autres différens, procès et questions qui pourraient s'élever à l'avenir, et au tout désirant mettre bon ordre ; après nous avoir proposé l'ordre ancien qui était gardé entr'eux, et le nouveau par eux fait et observé depuis quatorze ans, les jurats de ladite ville nous ont prié, nous soussignés ; de leur donner avis conseil et règle pour pouvoir tous se régir et gouverner ci-après en bon ordre et en bonne concorde, nous avons dressé les articles suivans, lesquels nous semblent équitables et raisonnables :

1° Premièrement que tout chef de maison, tenant famille, héritier marié, ou à marier, ayant enfans ou n'en ayant point, encore qu'il fût desavenu du mariage et qu'il demeurât seul ou seule, tirera le compte d'eau salée comme chef de maison, famille tenant, en observant l'ordre ancien, savoir est, que les chefs de maison tirent les premiers,

2° *Itm*, tous locataires et cadets mariés tenant famille à part, tirent le compte d'eau salée après les chefs de maison, en second rang, s'ils sont fils de voisin, et non autrement.

3° *Item*, que le fils du chef de maison, héritier futur, encore qu'il se sépare de la compagnie de ses père et dat ou tiengue famille à part, nou tirera ni tire lou conde de sauce, encoere espousi fille de vesin per mouiller, non tirera aucunement sus pretexte deu besiatge durant la ville de son pay, et en cas que loudit pay filh et fille hereter ou heretere nou se poudessen accordar, et se separassen, en tal cas loudit conde de sauce lous sera partadgat per mieyes, ainsi que ci-devant es estat arrestat.

4° Item, *la fille de vesin maridade ab estranger, seguin la coustume qui es, tirera miey conde.*

5° Item, *las hemmes veudes demourades soulettes portant lou veudadge, chens exception, ayen miey conde de sauce, non obstant so qui poudere estar passat per tollerance, ou autrement entro l'hore presente.*

6° Item, *augun personnadge deu villadge de ladite ville, sie hereter ou sterle sen venen demourar à ladite ville sinon que y aye maison, et y habite, tiengue fammilly non jouira deudit conde de sauce, tant entro aura feit sa demoure et residence en lad. ville, et portat las charges de lad. ville, tout ainsi que de usat et accoustumat de pagar charges susd. per l'espace de sieys mes au préalable.*

7° Item, *que lous hommis, femmes,*

mère, qu'il soit marié, ou tienne famille à part, ne tirera ni ne tire le compte d'eau salée, encore qu'il prenne fille de voisin pour femme, ni ne tirera aucunement sous prétexte, de voisinage durant la vie de son père ; et en cas que ledit père, fils et fille héritier ou héritière ne pussent s'accorder et se séparâssent, dans ce cas ledit compte d'eau salée leur sera partagé par moitié, ainsi qu'il a été ci-devant arrêté.

4° *Item*, la fille de voisin mariée avec un étranger tirera suivant la coutume un demi compte d'eau salée.

5° *Item*, les femmes veuves, demeurées seules, auront pendant leur veuvage sans exception, un demi compte d'eau salée, nonobstant ce qui aurait pu se passer jusqu'à présent, par tolérance ou autrement.

6° *Item*, aucun personnage du village de ladite ville, soit héritier ou cadet, s'il vient demeurer en ladite ville, si non qu'il ait maison et y habite et y tienne famille, ne jouira dudit compte d'eau salée jusqu'à ce qu'il aura fait sa demeure et résidence en ladite ville et supporté les charges de ladite ville, tout ainsi qu'il est d'usage et coutume de payer les susdites charges, pendant l'espace de six mois au préalable.

7° *Item*, que les hommes, femmes,

bailets et serventes nou pouderan tirar aucune portion de lad. aïgue, bien que per tollérence ou per susprese en agoussen prés demouran empero en estat de servitude susdit et seguin la forme precedente.

8° Item, que augun enfant aben son pay en vitte et fousse filh d'heretere, non en tirera tant entro sera maridat, et tiengue familly à part ab sâ mouiller, mes son pay esten maridat en secondes nopces ou non maridat, et tant entro tirera.

9° Item, que femme estrangere qui sera estade maridade ab vesin et desavienne de tal maridadge chens enfans, non jouira d'aucune part de ladite font despuix sera passat lou jour d'arrer de l'an de lour veudadge en portan acqueigt jouira de miey conde de sauce seulement pendant loudit an.

Lous articles susdits cum estans accompagnats d'equittat et raison, aben pres lour fondement sus louquoal son fondats de l'ancienne coustume, reiglements anciens et modernes, lou dret deuquoal lad. ville et saiside de longue man, outre la poucession immemoriale, et qui plus es, touts arrêts et sentencis que lad. ville, en à long temps y a obtenguts, per lousquoals ladite ville non obstant toutes

valets et servantes ne pourront tirer aucune portion de ladite eau salée, quoiqu'ils en aient pris par tolérance ou par surprise, tant qu'ils demeureront dans l'état de servitude susd. et suivant la forme précédente.

8° Item, qu'aucun enfant ayant son père en vie, et quoiqu'il soit fils d'héritière ne tirera le compte d'eau salé jusqu'à ce qu'il soit marié et tienne famille à part avec sa femme : mais son père étant marié en secondes noces ou non marié, tirera le compte d'eau salée.

9° Item, que la femme étrangère qui aura été mariée avec un voisin, s'il désavient de tel mariage sans enfans, ne jouira d'aucune part de ladite fontaine depuis le dernier jour de l'an de son veuvage, et en gardant icelui, elle jouira du demi compte d'eau salée, seulement pendant ledit an.

Les articles susdits comme étant accompagnés d'équité et de raison, ont pris leur fondement dans l'ancienne coutume, réglemens anciens et modernes, du droit de laquelle fontaine ladite ville est saisie de longue main, outre la possession immémoriale, et qui plus est les arrêts et sentences que ladite ville a obtenus depuis long-tems, par lesquels ladite ville nonobstant toutes *opposition, contradictions, incinstances que pouderen estar feites ladite ville à plain pouder de se reglar chens augune difficultat, et per ainsi lous articles per nous dressats, nous semblen seran très-utiles et profitables per lou bey repaux et concorde deus manans et habitans de ladite ville. A Pau lou quoatte de novembre mille cinq cens oeytante sept.*

Lous quoals articles cum estan approubats per toute la communautat son estqts per nous jurats et deputats signats cum estens trouvats per nous raisonnables, equitables, et fondats sur raison, ainsi signats de Lavigne, *jurat;* de Salles, *jurat ;* Gassiot *de* Salles, *jurat;* Arnaud de Ste-Gracie, *jurat;* Peyrot de Bordenave, *jurat;* de Salles, *deputat;* de Forbet, *deputat;* de Costaller, *deputat;* Arnaud de Bordeu, Arnau-Guilhem de Capdeville, *deputat;* de Lansalot, *deputat.*

oppositions, contradictions et insistances qui pourraient être faites, a plein pouvoir de se régler sans aucune difficulté, et par ainsi les articles par nous dressés, nous semblent devoir être très-utiles et profitables pour le bien, repos et concorde des manans et habitans de ladite ville. A Pau, le 4 novembre 1587.

Lesquels articles étant approuvés par toute la communauté, ont été par nous jurats et députés signés, comme étant trouvés par nous raisonnables, équitables et fondés sur raison. Ainsi signé de Lavigne, jurat; de Salles, jurat; Gassiot de Salles, jurat; Arnaud de Sainte-Gracie, jurat; Peirot de Bordenave, jurat; de Salles, député ; de Forbet, député; de Coustalé, député ; Arnaud de Bordeu, Arnaud-Guilhem de Capdeville, député; Lansalot, député.

Collationné sur l'original par moi secrétaire de la ville de Salies soussigné, à la réquisition de noble Jean de Vic, procureur du roi et syndic de ladite ville et communauté, qui a retiré le présent et signé avec moi, et l'original remis dans les archives. A Salies, le quinzième janvier mil six cens quatre-vingt-dix-sept. *Signé de* VIC. Tachies, *secrétaire*.

ARRÊT

DU CONSEIL D'ÉTAT DU ROI,

Portant Règlement pour l'Administration de la Fontaine d'eau salée
de Salies.

EXTRAIT DES REGISTRES DU CONSEIL D'ÉTAT.

Du 12 décembre 1739.

LE roi étant informé qu'il s'est ému plusieurs contestations entre les jurats de
la ville de Salies en Béarn, et les part-prenans à la fontaine salée de ladite ville,
concernant l'administration de ladite fontaine, lesquelles auraient donné lieu à
différens arrêts du parlement de Navarre, et à l'arrêt du conseil du 24 mars 1738,
qui équivoque au parlement de Bordeaux une délibération des part-prenans, du
26 juillet 1736, ce qui jette cette communauté dans des procédures et dans des
frais qui, dans la suite, causeraient la ruine des habitans dont la division a fait
naître encore en dernier lieu de nouvelles contestations qui forment plusieurs
instances criminelles jointes aux civiles ; et Sa Majesté désirant mettre le repos
et la tranquilité dans ladite ville, elle s'est fait représenter le règlement du 11
novembre 1587, qui contient neuf articles des arrêts du parlement de Navarre
des 14 décembre 1627, 6 mai 1662 et 21 février 1674, et l'arrêt du conseil du
19 août 1719, à la vue desquels étant pleinement instruite que ladite fontaine
d'eau salée n'est pas un bien appartenant à lad. communauté, mais seulement à
un certain nombre de familles domiciliés dans ladite ville, elle a jugé à propos
de faire un règlement qui, en déterminant la nature de ce bien et en assurant
l'administration, puisse prévenir à l'avenir toutes contestations, et mettre en

état de déterminer celles qui se sont levées à cette occasion ; sur quoi, vu l'avis du sieur de Saint-Contest, intendant et commissaire départi en Navarre, Béarn, et généralité d'Auch, ouï le rapport tout considéré, Sa Majesté étant en son conseil, a ordonné ce qui suit :

ARTICLE PREMIER.

Le règlement du onze novembre mil cinq cent quatre-vingt-sept, sera exécuté suivant sa forme et teneur, en conséquence les jurats de Salies seront administrateurs de l'eau salée de ladite ville.

II.

Il sera tenu chaque année le deuxième janvier, une assemblée des part-prenans dans laquelle seront élus quatre administrateurs-contrôleurs, un receveur et un syndic pour administrer conjointement avec lesdits jurats les revenus de la fontaine.

III.

Il sera pareillement choisi dans la même assemblée des part-prenans, le même jour deuxième janvier, quatre auditeurs pour recevoir les comptes de l'année précédente.

IV.

Les administrateurs, contrôleurs, auditeurs et syndics, ne pourront être pris que du nombre desdits part-prenans et non de ceux qui ne demeurent point dans l'enceinte de la ville et qui en sont exclus par les règlemens.

V.

Les administrateurs de la fontaine prendront sur le revenu d'icelle et paieront exactement aux termes prescrits, les fiefs et rentes dues par le corps des partprenans et notamment les neuf mille livres dues au roi, le millier paderer, ainsi que les soixante-cinq feux et cinq cents francs de taille, à la décharge tant desdits habitans et enclos de la ville que du hameau, suivant l'usage.

VI.

Les charges locales seront payées pareillement chaque année sur les revenus de la fontaine d'eau salée ainsi qu'il s'est pratiqué jusqu'à présent, après toutes fois que lesdites charges locales auront été fixées au conseil sur l'avis du sieur intendant et commissaire départi, à l'effet de quoi les jurats de la ville de Salies remettront incessament audit sieur intendant et commissaire départi, un état desdites charges ordinaires et annuelles.

VII.

Fait, Sa Majesté, très-expresses inhibitions et défenses aux receveurs syndics et administrateurs de la fontaine de confondre les revenus de la fontaine, avec les revenus communs de Salies.

VIII.

Ordonne, Sa Majesté, que les comptes des revenus communs seront rendus séparément de ceux de la fontaine, et que lesdits revenus communs seront employés au profit de la communauté, sans pouvoir être divertis par les jurats et gardes-boürciers à d'autres usages.

IX.

Veut et entend, Sa Majesté, qu'à commencer au deuxième janv er mil sept cent quarante, le présent règlement soit exécuté suivant sa forme et teneur ; fait très-expresses inhibitions et défenses à toutes personnes de quelque condition et qualité qu'elles puissent être, d'apporter aucun trouble à ladite administration, à peine de désobéissance et de tous dépens, dommages et intérêts, et sera le présent arrêt exécuté, nonosbtant toutes oppositions et empêchemens quelconques pour lesquels ne sera différé. Fait au conseil d'état du roi, Sa Majesté y étant ; tenu à Versailles, le douzième jour du mois de décembre mil sept cent trente-neuf. *Signé* Phelypeaux.

François–Dominique de BARBARIE, chevalier, *seigneur de Saint–Contest et autres lieux, conseiller du roi en ses conseils, M^e des requêtes ordinaires*

de son hôtel, intendant de justice, police et finances, et commissaire
départi pour l'exécution des ordres de Sa Majesté en Navarre, Béarn
et généralité d'Auch.

Vu l'arrêt du conseil d'état du roi, portant règlement,

Nous ordonnons que ledit arrêt sera exécuté selon sa forme et teneur, et à cet
effet, lu, publié et affiché par tout où besoin sera, et enregistré au greffe de la
ville de Salies, dont les jurats nous certifieront dans huitaine. Mandons au sieur
de Lahitte, notre subdélégué à Orthez, d'y tenir la main. Fait à Pau, le 29 décembre 1739. *Signé*, SAINT-CONTEST. Pour copie, *Signé*, SAINT-CONTEST.

Le unième janvier mil sept cent quarante, par moi crieur public de Salies, le
présent arrêt du conseil d'état du roi, et ordonnance de monseigneur l'intendant
ci-dessus, a été lu, publié et affiché par tous les endroits ordinaires accoutumés
de ladite ville, de quoi fais relation. *Signé*, TAUSIN, *crieur*. Contrôlé à Salies, le
premier janvier 1740, reçu neuf sols trois deniers. *Signé*, DANTY.

Collationné sur l'original déposé aux archives de la ville
de Salies.

Le maire, LARROUY-SOULENX.

ARRÊT

DU CONSEIL D'ÉTAT DU ROI,

Portant Règlement pour l'Administration de la Fontaine d'eau salée
de Salies.

EXTRAIT DES REGISTRES DU CONSEIL D'ÉTAT.

Du 12 Mai 1743.

VU PAR LE ROI étant en son conseil, l'arrêt rendu en icelui le 25 janvier 1742, par lequel Sa Majesté a évoqué à soi et à son dit conseil tous les procès et différens, tant civils que criminels, d'entre les jurats de la ville de Salies en Béarn, Capdeville et consorts, les administrateurs de la fontaine d'eau salée de ladite ville, et tous autres, au sujet de l'administration de ladite fontaine, en quelques cours et juridiction qu'ils soient pendants, et iceux a renvoyé et renvoie par devant le sieur intendant et commissaire départi en la généralité de Pau, savoir : ceux en matière criminelle pour les juger avec les officiers de tel présidial qu'il voudra choisir, ou le nombre de gradués requis par l'ordonnance, Sa Majesté lui donnant pouvoir de subdéléguer pour l'instruction, et nommer pour procureur du roi et pour greffier, telles personnes qu'il avisera ; et ceux en matière civile pour entendre les parties, dresser procès-verbal de leurs dires et productions respectives, et donner son avis ; pour icelui rapporté à Sa Majesté, être par elle statué sur iceux par un ou plusieurs arrêts, suivant l'exigence des cas : l'ordonnance rendue au bas dudit arrêt par [le sieur Megret de Serilly, intendant de ladite généralité, le 16 mars 1742, qui ordonne l'exécution dudit arrêt et ordonnance faites les 17, 24, 30 mars et 16 avril de la même année, au sieur procureur-général du Parlement de Pau, à Pierre Soubre-Juson, syndic des part-prenans, à Capdeville et consorts, et à Tonon, greffier dudit parlement. Autre arrêt du conseil, rendu le 29 août 1719, entre le sieur d'Espalungue, baron d'Arros, et les habitans et communauté de Salies, au sujet d'une créance par lui prétendue sur lesdits habitans, par lequel la communauté de Salies est déchargée de la demande dudit baron d'Arros, sauf à lui à se pourvoir devant les juges, à qui la connaissance en appartient, tant contre les administrateurs de la fontaine d'eau salée de Salies, les délibérans ou leurs héritiers et autres part-prenans à ladite fontaine, qu'aux fins de la garantie par lui prétendue, ainsi qu'il avisera. La délibération du 6 janvier 1736, prise par les jurats, députés et notables des part-prenans, par laquelle Jean Capdeville, ci-devant procureur audit parlement de Pau, et Pierre Soubré, sont nommés administrateurs-contrôleurs de ladite fontaine d'eau salée. Autre délibération des jurats, députés et notables dudit Salies, du 3 juin audit an, par laquelle Jean-Pierre de Montesqiut-Labourromme, fut chargé de demander audit parlement de Pau, la permission de convoquer une assemblée générale des part-prenans, pour nommer un syndic aux fins de défendre à la demande de la dame d'Espalungue, et autres chefs concernant les affaires desdits part-prenans. L'arrêt dudit parlement, du 22 dudit mois, rendu entre ledit Labourromme d'une part, et les maire et jurats de Salies d'autre, portant qu'à l'assistance du sieur de Coulomme, conseiller, nommé commissaire, lesdits part-prenans actuellement résidans en la ville de Salies, seraient assemblés pour choisir et nommer un syndic et établir tel nombre de notables qu'il verraient bon être pour former un bureau, auquel ils donneraient tel pouvoir qu'ils estimeraient convenable, tant pour le fait de ladite dame d'Espalungue, qu'à l'égard de tous autres qui pourraient intéresser lesdits part-prenans, procès verbal du 15 juillet 1736, dressé par Danty, maire, et Sarramia, premier jurat de Salies, contenant leur opposition à la jouissance du compte d'eau salée contre Capdeville frères, les sieurs Domecq, Coulomme dit d'Avant, Camy, Baillenx, Desperbasque, Saint-Clement, Sarraude, et autres au nombre de quarante, et généralement contre tous les autres qui se trouveront dans leur cas, c'est-à-dire, qui ne résideront point dans l'enceinte de ladite ville de Salies; condition sans laquelle ils ne peuvent être part-prenans, aux revenus de ladite fontaine, et dont ils n'avaient joui que par abus, attendu leur résidence

hors ladite enceinte. Requête présentée audit parlement par ledit Labourromme, député des notables part-prenan s, le 26 juillet 1736, avec l'ordonnance ensuite, portant qu'à la diligence des maire et jurats de la ville de Salies, tous les part-prenants tant résidans en ladite ville, que dans le terroir d'icelle, seraient convoqués et assemblés en exécution de l'arrêt du 22 juin précédent, ce qui aurait lieu nonobstant toutes oppositions et appellations et sans préjudice d'icelles, le procès-verbal dudit sieur de Coulomme, commissaire, commencé le 27 juillet et fini le 4 août 1736, contenant délibération des jurats, députés et part-prenans, à ladite fontaine d'eau salée, par laquelle, entr'autres choses, ledit de Labourromme est nommé syndic pour défendre à la demande formée par la dame d'Espalungue, et il est établi un bureau de 40 notables, autres que les jurats et députés, tant à l'occasion dudit procès que pour d'autres affaires des part-prenans : requête présentée audit parlement par ledit Labourromme syndic, le 6 août de ladite année, tendante à faire enjoindre au nommé Morlàas, garde ou trésorier de la ville de Salies, de lui remettre une somme de six cents livres pour fournir aux frais du transport dudit sieur de Coulomme, répondue d'un appointement de soit montré, signifiée audit Morlàas, et conclue par le sieur d'Esclaux-Mesplés, avocat-général. La copie de deux requêtes présentées par Jean Danty-Montesquiu aîné, Jean Madonne et Daniel Hedembaig dit Guilhem de Salies, faisant tant pour eux que pour divers autres part-prenans à ladite fontaine d'eau salée, résidans dans l'enceinte de ladite ville de Salies, tendantes à faire réformer l'appointement du 26 juillet, et à casser la délibération du 4 août, prise à l'assistance dudit sieur Coulomme, attendu, surtout, que ce dernier était part-prenant à ladite fontaine, que l'arrêt dudit jour 22 juin sera exécuté à l'assistance d'un autre commissaire ; et qu'attendu que le droit desdits sieurs de Baillenx, Coulomme dit Davant, Domec, Esperbasque, Camy dit Sarrebere, Capdeville et autres, est suspendu par l'opposition des maire et premier jurat, jusqu'à ce qu'il en ait été autrement ordonné, ou qu'ils se soient mis dans le cas des réglemens, en résidant dans l'enceinte de la ville ; ordonner que conformément à la lettre et à l'esprit dudit arrêt, ils ne pourront assister à ladite assemblée, ni être nommés membres du bureau des notables ; faire défenses aussi aux sieurs d'Orion et Saint-Macary leurs adhérans de les nommer, spécialement audit de

Labouromme ; l'appointement de renvoi à l'audience, rendu sur lesdites requêtes
sign'fiées aux intéressés le 10 dudit mois. Requête dudit Labourrome syndic, du
11 dudit mois avec l'ordonnance dudit parlement, portant que pour être fait droit
sur les conclusions desdits d'Anty, Madonne et Hedembaig, les parties en vien-
draient à l'audience entr'eux, lesdits Labourrome et les maire et jurats seulement, avec défenses au commis du greffe de faire aucun enregistrement, ni acte
qu'entre les susnommés, ledit appointement signifié le même jour audit commis,
qui répondit que l'enregistrement était déjà fait, signifié aussi le 12 auxd. d'Anty,
Madonne et Hedembaig. Arrêt dudit parlement, du 13 dudit mois, qui enjoint
par provision audit Morlaas, trésorier, de remettre audit Labourrome, syndic,
somme suffisante, pour les frais et rapport du procès-verbal dudit sieur de Coulomme commissaire, et de l'arrêt portant sa commission. Copie de requête présentée par ledit Morlàas, le 17 dudit mois pour être reçu opposant envers ledit
arrêt, et être relaxé de la demande dudit Labourromme. Copie signée de Soubi-
ra, bayle-exploiteur, d'une cédule évocatoire du 18 dudit mois d'août, qui contient les conclusions desdits d'Anty, Madonne et Hedembaig, fondée sur les
parentés et alliances desdits Baillenx, Labouromme, Esperbasque, Saint-Macary,
et autres. Acte du 20 septembre audit an, signifié de la part dudit Labourromme,
syndic, aux maire et jurats, et autres, contenant qu'il consent à ladite évocation
et au renvoi de la cause au parlement de Bordeaux. Requête présentée au parlement de Pau, le 3 octobre audit an, par les nommés Bourdette et Barranque ;
part-prenans, tendante, entr'autres choses, à ce qu'il fût fait défenses aux maire
et jurats, de contrevenir aux règlemens, concernant l'administration de ladite
fontaine, et de troubler ledit Capdeville dans les fonctions d'administrateur-contrôleur. Autre requête des mêmes, du 10 novembre audit an, tendante aux fins
de la première, répondue d'un soit montré au sieur procureur-général avec ses
conclusions ensuite. Autre requête des mêmes non répondue. Copie d'arrêt dudit
parlement, rendu le 15 février 1737, qui ordonne l'exécution des arrêts de règlement, et fait défenses aux maire et jurats de disposer de l'eau salée ou des deniers en provenans qu'à l'assistance des deux administrateurs-contrôleurs des
part-prenans, conformément auxdits règlemens. Les significations dudit arrêt faites aux intéressés les 22 février, 4 et 5 mars 1737. Requête des maire et jurats,

du 25 dudit mois de février, pour être reçus opposans à l'arrêt du 15 en ce qu'il pourrait entendre. Le rétablissement des fonctions de Capdeville, suspendues par sa radiation du livre du partage des eaux salées ; ce faisant, renvoyer à l'audience, et y disant droit, déclarer ni avoir lieu de prononcer sur les conclusions de Barranque et Bourdette, ni de rétablir ledit Capdeville en la jouissance du compte d'eau salée, ni dans les fonctions d'administrateur-contrôleur, jusqu'à ce qu'il ait été dit droit par Sa Majesté, sur la cédule évocatoire, appointement de soit montré, rendu sur ladite requête signifiée le premier mars auxdits Bourdette et Barranque. Requête présentée par ces derniers, le 8 mars 1737, tendante entr'autres choses à faire renvoyer les parties à l'audience pour être statué sur leurs conclusions, répondue, d'un soit montré au sieur procureur-général. Requête des maire et jurats, du 13 dudit mois, aux fins d'avoir communication de la requête desdits Barranque et Bourdette, et autres pièces non secrètes, offrant ce fait de répondre. Requête desdits Barranque et Bourdette, et autres, du 15 dudit mois, tendante à ce que, sans s'arrêter aux conclusions des jurats, celles par eux prises dans leurs requêtes précédentes leur fussent adjugées : ladite requête appointée et signifiée. Requête des jurats, du 18 dudit mois, tendante à mêmes fins que leur précédente, appointée et signifiée le 20. Copie informe d'un arrêt du conseil, du 19 dudit mois de mars rendu sur la requête des maire et jurats sur leur demande en cassation des arrêts dudit parlement, des 22 juin, 13 août 1736, et 15 février 1737, portant, avant faire droit, que le procureur-général enverrait incessamment au sieur contrôleur-général des finances, les motifs desdits arrêts. Acte du 10 avril 1737, de la part dudit Labourromme, syndic des part-prenans, contenant assignation aux maire et jurats, afin de se présenter au conseil sur la cédule évocatoire du 18 août 1736. Arrêt du conseil, du 29 octobre 1737, qui déboute les maire, jurats, et députés de ladite ville de Salies, des demandes portées par leurs requêtes ; ce faisant, ordonne Sa Majesté, que les arrêts du parlement de Pau, des 22 juin, 13 août 1736, et 15 février 1737, seront exécutés selon leur forme et teneur comme auparavant l'arrêt du conseil, du 19 mars précédent. Requête présentée audit parlement, le 9 décembre 1737, par lesdits Bourdette et Barranque, et les nommés Graoüillet, Seré et Lancelot, part-prenans, tendante, entr'autres choses à faire ordonner l'assemblée des part-prenans après le

6 janvier 1738, pour élire deux administrat^{rs}-contrôleurs à la place de Capdeville
et Soubré; si mieux ils n'aiment continuer ces derniers, cependant par provision
enjoindre aux deux contrôleurs, de continuer leurs fonctions, avec défenses aux
jurats de les troubler; ladite requête répondue d'un renvoi à l'audience, et que
la partie et le procureur-général diraient sur la provision signifiée auxdits jurats
le 11 dudit mois. Requête des maire et jurats, du 11 décembre 1737, tendante,
entr'autres choses, à obtenir la communication des requêtes et pièces non secrètes
desdits Barranque et Bourdette, et être reçus subsidiairement opposans à l'arrêt
du 15 février 1737, en ce qu'il pourrait entendre le rétablissement des fonctions
de Capdeville et des autres particuliers rayés du partage des eaux salées, comme
ne résidant point dans l'enceinte de la ville de Salies, répondue d'un soit montré, signifié ledit jour 11 décembre. Requête des maire et jurats, du 16 décembre, aux fins qu'il leur fût donné acte comme ils offraient de rendre compte
de leur administration, et qu'il fût déclaré n'y avoir lieu de prononcer sur les
conclusions desdits Bourdette et Barranque; ce faisant, n'entendre empêcher les
parties de se pourvoir où il appartiendrait, en ce qui pût concerner le rétablissement dudit Capdeville, tant dans la jouissance du compte d'eau salée, que pour
sa qualité d'administrateur-contrôleur, non plus que les autres particuliers rayés,
attendu la cédule évocatoire du 18 août 1736, qui comprenait lesdites conclusions; ladite requête répondue d'un soit montré, signifiée le même jour, six
exploits respectifs entre les jurats d'une part, et le nommé Morlaas, garde ou
trésorier de ladite ville, contenant désaveu dudit Morlaas, de l'opposition par lui
formée à l'arrêt du 13 août 1736, et autres faits, et exhibition audit Labourromme, syndic, de certaines sommes pour les frais du transport du sieur de
Coulomme, commissaire, et autres. Copie d'arrêt dudit parlement, du 20 décembre 1737, par lequel, entr'autres choses, il est fait défenses provisoirement aux
maire et jurats de disposer de l'eau salée, ni des deniers en provenans, qu'en
conformité des arrêts de réglemens; ordonne aussi qu'il sera convoqué une
assemblée des part-prenans, le 6 janvier 1738, pour nommer deux administrateurs-contrôleurs, tels qu'ils jugeront à propos, et ce à l'assistance du sieur
de Carrere, conseiller, commissaire nommé. Procès-verbal dressé par ledit sieur
de Carrere, commencé le 6 janvier 1738, et fini le 11 dudit mois, contenant la

nommination des personnes desdits de Coulomme dit Davant, et de Capdeville
aîné, aux places d'administrateurs-controleurs, la dite nommination faite par
l'assemblée des part-prenans à la pluralité des suffrages. Copie d'arrêt du
conseil, du 24 mars 1738, rendu sur la cédule évocatoire des maire et jurats,
du 18 août 1736, entr'eux d'une part, et ledit Labourromme, syndic des part-
prenans d'autre, par lequel Sa Majesté faisant droit sur l'instance de référé,
renvoie les parties au parlement de Bordeaux, pour y être procédé entr'elles
sur leur procès et différens, circonstances et dépendances. Copie de requête
présentée au parlement de Pau, par Teophile Lagoardette dit Millet, de Salies,
le 21 février 1738, appointé d'un renvoi à l'audience, signifiée les 26 et 28 juin
audit an, tendantes, entr'autres choses, à être reçu opposant aux arrêts des 15
février et 20 décembre 1737, ordonner l'exécution des arrêts de 1661 et 1696;
ce faisant, qu'aucun ne pourra être administrateur-controleur, ni faire aucune
fonction sur l'administration de la fontaine salée, qu'il ne soit part-prenant actuel,
et dont le droit ne soit pas suspendu par la radiation ou opposition. Copie d'une
deuxième cédule évocatoire, signifiée le 28 juin 1738, de la part des jurats et
corps de la ville de Salies, auxdits Labourromme, St-Macary, Bailleux, et autres
intéressés, et exclus de la jouissance du compte d'eau salée, par la radiation
faite par les maire et premier jurat, fondée ladite évocation sur les parentés
et alliances desdit prétendus part-prenans, ladite cédule contenant les conclusions dudit Lagoardette, et autres chefs. Requête dudit Bourdette et consorts, dudit jour 28 juin présentée audit parlement, répondue d'un renvoi à l'audience
entr'eux, les jurats et Lagoardette seulement, avec défenses au greffier de l'enre-
gistrer contre d'autres, signifiée audit greffier le 29, qui répondit avoir déjà eu
enregistré la veille contre toutes les parties assignées par ledit Lagoardette; ladite
réquête signifiée aussi les 29 et 30 dudit mois aux autres parties : sept actes en copie
informe des 9, 11 et 19 août 1738, signifiés aux jurats et corps de ville, de la part
desdits Bailleux, Camy dit Sarrabere, d'Esperbasque, Labourromme, Coulomme
dit Davant, Capdeville, administrateur-controleur, Bourdette, Barranque, Graoüillet et Seré; contenant que lesdits particuliers prétendent n'être point parties dans
l'instance évoquée, et avoir été mal à propos assignés pour se présenter au conseil, ce concernant, et autres faits. Arrêt de Bordeaux, du 27 novembre 1738,

rendu sur l'instance évoquée par la cédule du 18 août 1736, portant rétention de la cause renvoyée par Sa Majesté. L'exploit réitératif d'assignation de la part des jurats et corps de ville auxdites parties du 13 décembre 1738, pour procéder au conseil sur la seconde cédule évocatoire. Autre arrêt dudit parlement de Bordeaux, entre ledit Labourrome, syndic, des part-prenans, d'une part, et lesdits d'Auly aîné, Hedembaig, et Madonne d'autre, du 31 janvier 1739, qui donne défaut, et ordonne qu'on instruira. Copie de requête présentée au parlement de Pau, le 14 février 1739, par lesdits Bourdette et Barranque, avec l'ordonnance ensuite, portant que dans le cas où lesdits Coulomine et Capdeville, administrateurs-contrôleurs actuels, soient obligés de quitter la ville de Salies, en vertu de lettres de cachet, les part-prenans seraient assemblés à l'assistance de Guilhemto notaire-enquêteur, pour procéder à l'élection de deux autres contrôleurs, ledit appointement signifié le même jour aux jurats et corps de ville. Copie d'acte du 18 février 1739, signifié de la part desdits Bourdette et Barranque, part-prenans, contenant réponse à la cédule évocatoire du 28 juin 1738, et protestation de son inutilité et autres faits. Requête des mêmes, présentée audit parlement de Pau, répondue le 27 février d'une ordonnance, portant que les part-prenans seraient assemblés à l'assistance dudit Guilhemto, pour nommer un administrateur-contrôleur, à la place dudit Capdeville aîné, qui avait été éloigné de la ville de Salies, en conséquence d'un ordre de Sa Majesté. Requête des jurats et Corps de ville, du 5 mars audit an, tendante entr'autres choses, à ce qu'il leur fût donné acte comme ils offraient de rendre compte de leur administration ; ladite requête répondue d'un soit montré, signifiée le même jour. Requête présentée audit parlement de Pau, par les jurats et corps de ville de Salies, le 6 mars audit an, où ils ont conclu à ce que les appointements des 14 et 27 février 1739, surpris par Bourdette et Barranque, fussent réformés ; ce faisant, qu'il fût déclaré n'y avoir lieu de prononcer sur leurs conclusions, sauf à se pourvoir par devant qui il appartiendrait, attendu l'évocation ; ladite requête répondue d'un soit montré à partie et au procureur-général, signifiée le 8 dudit mois. Acte du même jour 8 mars, signifié à Guilhemto, enquêteur de la part des jurats et corps de ville, contenant opposition à ce qu'il procédât à l'exécution des appointemens des 14 et 27 février 1739. Requête présentée par lesdits jurats et corps de ville, le 9 dudit mois, en adjudication de leurs conclusions précédentes, répondue d'un soit montré, signifiée le 10 au procureur desdits Bourdette et Barranque. Autre requête desdits jurats et corps de ville, du 17 dudit mois, concluant par leurs précédentes, appointée d'un soit montré, et signifiée le 18. Autre requête desdits jurats et corps de ville, du 20 dudit mois, aux fins de faire déclarer l'arrêt qui interviendrait sur le déclinatoire, commun avec lesdits Baillenx, Esperbasque, St-Macary et Labourorame, parties évoquées; ladite requête répondue d'un soit montré, signifiée le 21 dudit mois. Arrêt dudit parlement de Pau, rendu à l'audience dudit jour 21 mars 1739, entre lesdits Bourdette et Barranque, d'une part, et les jurats et corps de ville d'autre, au sujet d'une instance particulière, concernant la révocation du receveur du produit des eaux salées, demandée par lesdits particuliers, et sur le déclinatoire et renvoi au conseil proposé par lesdits jurats et corps de ville, portant ledit arrêt, entr'autres choses, déboutement dudit déclinatoire et cassation de l'élection du receveur, faite par lesdits jurats et corps de ville, et ordonne que les part-prenans seraient assemblés pour être par eux procédé à l'élection du receveur de leurs droits sur ladite fontaine, à l'assistance de Tonon, greffier-enquêteur. Exploits des 25 et 26 avril 1759, de la part des jurats et corps de ville dudit Salies, contenant signification faite au sieur procureur-général du parlement de Pau, auxdits Barranque, Bourdette, et autres, d'un arrêt du parlement de Bordeaux, du 16 dudit mois d'avril, qui avait cassé celui dudit parlement de Pau, du 21 mars précédent. Copie d'une troisième cédule évocatoire du 22 janvier 1739, signifiée de la part des jurats et corps de ville de Salies, sur les parentés et alliances desdits de Baillenx, Labourromme, Saint-Macary et autres, concernant des instances criminelles intentées audit parlement de Pau, et des conclusions prises par lesdits jurats contre Capdeville frères, Coulomme-Danvant et autres. Copie d'arrêt du conseil, du 12 décembre 1739, contenant règlement en neuf articles au sujet de l'administration de la fontaine d'eau salée de Salies, par lequel, entr'autres choses, il est dit: 1° que le règlement du 11 novembre 1587, sera exécuté, et qu'en conséquence les jurats de Salies seront administrateurs de l'eau salée. 2° Que le 2 janvier de chaque année, il sera tenu une assemblée des part-prenans, dans laquelle seront élus quatre administrateurs-contrôleurs, un receveur et un syndic pour administrer conjointement avec les

jurats, les revenus de ladite fontaine ; et par l'article 4 il est porté que les administrateurs-contrôleurs, auditeurs et syndics, ne pourront être pris que du nombre
des part-prenans, et non de ceux qui ne demeurent point dans l'enceinte de la
ville, et qui en sont exclus par les réglemens ; par l'article 7, il est fait défenses
aux receveurs, syndics et administrateurs, de confondre les revenus de la fontaine
avec les communs de Salies ; et par l'article 8, les comptes des revenus communs
doivent être rendus séparément de ceux de la fontaine. Copie d'un jugement
rendu par le conseil souverain de Béarn, le 14 août 1574, qui maintient les jurats,
députés, manans et habitans de Salies, en la possession de tirer et faire tirer l'eau
de la fontaine salée de ladite ville, une fois la semaine seulement en commun, et
telle forme que par les jurats, gardes et députés sera avisé : il est aussi permis
aux jurats par une autre clause, de tirer l'eau en cas de nécessité une seconde
fois la semaine, avec l'avis et consentement des gardes et députés. Règlement et
statuts concernant ladite fontaine, faits les 11 et 16 novembre 1587, par les jurats, députés et habitants de Salies, sur l'avis de cinq avocats du conseil souverain de Béarn, contenant neuf articles ; et par l'article 6, il est porté, qu'aucun
personnage du village de ladite ville de Salies, soit héritier ou cadet venant demeurer en ladite ville, si non qu'il y ait maison et y habite tenant famille, ne
jouira du compte d'eau salée, jusqu'à ce qu'il aura fait sa demeure et résidence
en ladite ville, et supporté les charges de ladite ville, tout ainsi que cela est
accoutumé pendant l'espace de six mois au préalable ; jugement du conseil souverain de Béarn, du 13 janvier 1604, qui relaxe les jurats de la demande du
compte d'eau salée, demandé par le nommé Lacaussade, sauf à lui d'en jouir en
résidant dans la ville de Salies, avec sa famille sans fraude. Arrêt du parlement
de Pau, du 15 avril 1625, qui attribue au corps de ville seul la nomination des
officiers à gages de ladite ville de Salies. Autre arrêt dudit parlement, du 12
janvier 1627, qui ordonne l'exécution du précédent, et déboute d'une requête
civile présentée contre icelui. Autre arrêt du 10 novembre 1628, par lequel,
entr'autres choses, défenses sont faites aux jurats, d'affermer en secret aucun
compte d'eau salée, mais publiquement et conjointement avec les autres comptes, ni de s'approprier aucun d'iceux, à peine de péculat et concussion. Autre
arrêt du 22 février 1633, qui maintient la nommée Salies en la possession du

4

compte d'eau salée, à la charge de résider actuellement et continuellement dans sa maison située en ladite ville, y tenant feu allumé et supportant les charges. Autre arrêt dudit parlement, du 18 mars 1633, rendu à la réquisition du procureur-général, contenant règlement sur la manière de dresser et rendre les comptes des revenus communs et des ventes de l'eau salée, et que la ferme d'icelle se fera à son de trompe, et sera incontinent enregistrée, tant sur le livre du partage de ladite eau, que sur celui du contrôle. Arrêt du 27 mars 1634, entre Abraham d'Esperbasque de Salies, d'une part, et les jurats d'autre, duquel il résulte que ledit Desperbasque avait été rayé du livre du partage, et soutenait devoir être rétabli, attendu, disait-il, qu'il résidait dans la ville de Salies, et les jurats, de leur part, demandaient d'être relaxés : sur quoi l'arrêt relaxe les parties des conclusions respectivement entr'eux prises. Autre arrêt dudit parlement, du 14 juin 1624, qui jugea que Pierre d'Esperbasque jouirait du compte d'eau salée en faisant son habitation dans l'enclos de ladite ville de Salies, et tenant feu allumé. Autre arrêt du 27 septembre 1634, qui jugea la même chose à l'égard de Samuel de Colomme. Autre arrêt du 24 mars 1735, portant, entr'autres choses, que pour éviter les fraudes et malversations commises par les jurats de Salies, la communauté s'assemblerait pour nommer deux députés et deux contrôleurs, pour contrôler les mandements qui seraient expédiés par les jurats, sans le consentement desquels députés et contrôleurs, les jurats ne pourraient vendre ni disposer de ladite eau, ni priver de la jouissance aucun habitant, faisant aussi défenses ledit arrêt, d'admettre aucun particulier à ladite jouissance, qui ne soit habitant et résidant sur les lieux, conformément aux arrêts et règlements de ladite cour et statuts de la ville, excepté les officiers d'icelles résidans à Pau, pour le service de Sa Majesté. Autre arrêt dudit parlement, du 11 juillet 1636, portant que ceux qui requerront les transports des commissaires, en la ville de Salies, concernant les affaires publiques, feront l'avance des frais nécessaires, sauf à répéter contre qui il appartiendra. Autre arrêt du 28 mai 1637, par lequel, entr'autres choses, il est fait défenses aux jurats, députés et autres, de nommer aucun jurat à la place de contrôleur. Autre arrêt du 23 octobre 1637, qui admet un particulier à la jouissance du droit d'eau salée à la charge de résider dans ladite ville de Salies. Autre arrêt du 15 avril 1639, rendu sur la requête des contrôleurs et députés, qui enjoint aux jurats d'observer les règlements sur la distribution de l'eau salée, et leur fait défense d'en bailler à d'autres qu'à ceux qui sont de la qualité requise par le règlement. Copie d'autre arrêt dudit parlement, du 24 mai 1643, qui ordonne que les mandements seront visés par les contrôleurs, et défenses au garde ou trésorier d'en acquitter aucun sans être contrôlé, à peine de radiation. Autre copie d'arrêt dudit parlement du 27 septembre 1653, portant que les contrôleurs de la fontaine d'eau salée doivent assister à la reddition des comptes pour consentir ou s'opposer à chaque article ; ordonne aussi que les jurats et contrôleurs tiendront des registres séparés des mandements qui seront expédiés. Autre copie d'arrêt dudit parlement, du 17 mai 1658, qui enjoint aux contrôleurs du corps et communauté des propriétaires part-prenants de la fontaine d'eau salée, de contrôler les mandemens aux termes des règlemens ; avec défenses aux jurats d'en expédier aucun, et au trésorier de les acquitter sans être contrôlés. Autre arrêt dudit parlement, du 6 mai 1661, qui ordonne qu'il sera passé contrat de ferme des revenus de la fontaine en faveur d'un particulier, aux conditions portées dans ses offres, sans qu'aucun étranger non habitant de Salies et chef de famille, et participant au compte d'eau salée puisse être admis à faire aucune fonction dans l'administration de ladite fontaine. Autre arrêt du 18 février 1664, par lequel, entr'autres choses, il est enjoint aux jurats, députés et gardes, d'observer les règlemens concernant la fontaine, pour la délivrance de l'eau, le mardi et samedi de chaque semaine et ce publiquement. La copie d'autre arrêt du 18 mars 1664, qui déclare responsables les contrôleurs de la fontaine, du contenu aux mandemens par eux contrôlés sans nécessité et utilité. Autre copie d'arrêt du 21 février 1674, par lequel entr'autres choses, il est enjoint aux jurats de Salies, aux administrateurs et receveur, de faire garder les règlemens, à ce que le sac de sel qui se vendra, soit de mesure, contienne cinq conques et n'excède le prix ordinaire, à peine d'en répondre en leur propre. Autre arrêt du 24 décembre 1678, qui ordonne aux jurats et administrateurs de remettre certain état de dettes par eux arrêtés, et les comptes de leur administration en main du procureur-général, et que jusqu'audit rapport, l'administration sera continuée par quatre administrateurs commis et le premier jurat étant en charge. Arrêt du conseil, du 13 novembre 1683, qui maintient les habitans de Salies en la propriété et jouissance de la fontaine, et au droit d'en tirer l'eau pour la convertir en sel ; au surplus, Sa Majesté leur transporte le puits d'eau salée appelé la trompe, sous de certaines redevances annuelles. Autre arrêt du conseil, du 15 janvier 1684, qui confirme le précédent, nonobstant deux ordonnances rendues par le sieur Dubois-Baillet, intendant. Arrêt du parlement de Pau, du 5 février 1689, qui ordonne que la fontaine d'eau salée sera régie et administrée pendant quatre années par le premier jurat, et autres administrateurs nommés par les habitans. Autre arrêt du conseil, du 28 juin 1689, par lequel, entr'autres choses, Sa Majesté sans s'arrêter à la prétention du fermier du domaine, ordonne l'exécution des arrêts précédens qui ont déclaré que la propriété et jouissance de la fontaine d'eau salée, appartenait aux habitans de Salies. Copie d'arrêt du parlement de Pau, du 10 septembre 1696, par lequel le nombre des administrateurs de la fontaine, qui était de six, est réduit à quatre ; savoir : deux de la jurade, et deux parmi les part-prenans. Copie d'autre arrêt dudit parlement, du 22 décembre 1703, qui homologue une délibération tendante à vendre de l'eau salée pour payer les intérêts et le capital des offices municipaux réunis à ladite ville de Salies, sans préjudice de régler sur les non-part-prenans leur contingent, attendu qu'ils jouissent des biens communs comme les autres habitans. Arrêt dudit parlement, du 12 décembre 1716, rendu sur la jouissance du compte d'eau salée prétendue par la demoiselle d'Esperbasque, femme du procureur du roi au sénéchal de Sauveterre, et y résidant, attendu sa qualité d'originaire de Salies, et celle de son mari, qui était au service du roi hors de Salies, et qu'elle prétendait la dispenser de résidence dans ladite ville de Salies : sur quoi ledit arrêt renvoie la contestation devant les jurats dudit Salies. Autre arrêt dudit parlement, du 7 septembre 1718, par lequel, entr'autres choses, un particulier de Salies est maintenu dans la jouissance du compte d'eau salée, et défenses sont faites aux jurats et autres administrateurs d'admettre ni rejeter personne du partage de l'eau salée, sans le consentement des part-prenans. Autre arrêt du 27 janvier 1719, qui ordonne que la nommée Labadie jouira du droit de compte d'eau salée, au tour et rang de la maison de Lacome-Daban. L'expédition de l'article 20, la déclaration générale fournie en 1678, par lesdits jurats et corps de ville de Salies, devant les sieurs commissaires à ce députés, par Sa Majesté, pour raison

des droits et priviléges de la communauté de Salies, contenant la fixation des li-
mites. et bornes de l'enceinte de ladite ville, suivant laquelle chaque habitant
qui fait famille dans l'enclos de ladite ville, voisin et fils de voisin, doit jouir du
compte d'eau salée, au bas de laquelle déclaration est le jugement de vérification
d'icelle, du 22 septembre 1679, signée de Baudin, greffier. La copie d'un procès-verbal du 2 janvier 1740, dressé par Lahite, subdélégué du sieur de Saint.
Contest, ci-devant intendant en Béarn, contenant la nommination des administrateurs et autres officiers, concernant la direction de la fontaine d'eau salée de
Salies. L'inventaire instructif fourni devant ledit sieur de Serilly, intendant,
le 6 décembre 1742, par David Bourdette et Pierre Barranque, part-prenans à la
fontaine, avec les pièces y mentionnées et dont le résultat est ci-devant rapporté,
concluant, quant au civil, pour les raisons y énoncées, que sans s'arrêter à chose
qui a été et pourra être dite par les jurats et députés, ni à leurs conclusions, les
condamner en la somme de dix mille livres pour les frais frustratoires et dommages-intérêts, résultans de leurs indues véxations, et aux dépens. Dire fourni par
ledit Labourromme, syndic des part-prenans, le 14 dudit mois de décembre,
avec les productions y employées et ci-dessus rapportées, concluant sans s'arrêter à l'opposition formée sous le nom de Morlaas, à l'arrêt du 13 août 1736, à la
réformation de l'appointement du 26 juillet de la même année, à l'appel des
ordonnances rendues par le sieur de Colomme, commissaire, à la cassation de la
délibération du 4 août 1736, non plus qu'à aucune des conclusions prises par
lesdits Danty aîné, Madonne et Hedembaig dans leur requête du 7 du même
mois d'août, ni à celles que les jurats et députés ont libellé de leur part, donner
acte audit Morlaas du département par lui fait de son opposition à l'arrêt dudit
jour 13 août 1736, sans préjudice audit Labourromme syndic, de lui faire payer
les dépens qui le concernent jusqu'à son département ; ordonner que ledit appointement du 26 juillet, les ordonnances dudit sieur de Colomme, commissaire, et la délibération du 4 août 1736, auront leur plein et entier effet, et
homologuer la délibération en tant que besoin serait, pour être exécutée selon sa
forme et teneur, sauf pour les articles premier, septième et neuvième lesquels
ont été vidés ; savoir : le premier par la délibération générale prise par les part-
prenans le 16 février 1739, portant nom011ination d'un syndic pour défendre à la

demande de la dame d'Espalungue ; le septième, par le règlement fait par Sa
Majesté, le 12 décembre 1739, |pour l'administration de la fontaine ; et le neu-
vième, par l'arrêt rendu au conseil d'état, le 13 août 1741, portant fixation des
charges locales, et condammer solidairement Danty cadet, ci-devant maire, et à
présent second jurat, Fortain troisième jurat, Sarrémia, Hourbeig, Larrouy, anciens jurats et à présent députés, Lafite, Tausin, Labadenx, Laugar et Bouhebent,
anciens députés, et avec eux Danty aîné, Madonne et Hedembaig en 10,000 liv.,
de dommages-intérêts en faveur des part-prenans, et en tous les dépens en leur
propre et privé nom, et néaàmmoins solidairement ; au surplus, ordonner que
les jurats et députés remettront, dans huitaine, les comptes des receveurs et des
gardes des dix dernières années avant ladite délibération générale du 4 août 1736,
avec les pièces justificatives desdits comptes, comme aussi ceux de ladite année
1736, avec les 'pièces justificatives, pour ledit Labourrome, syndic, prendre
communication du tout, afin de fournir ses blâmes et impugnations, et autrement
procéder ainsi qu'il appartiendra en conformité de sa mission, contenue aux articles 3 et 11 de ladite délibération générale. Le mémoire instructif, fourni le 24
dudit mois de décembre par les jurats et corps [de ville de Salies, avec les productions y mentionnées et dont le rapport est ci-dessus, demandant qu'il plaise à
Sa Majesté, disant droit aux parties sur les matières civiles en exécution de l'arrêt du conseil du 25 janvier 1742, et unissant toutes les instances ; réformer
l'appointement du 26 juillet 1736, surpris par ledit Labourromme et les ordonnances du sieur de Colomme, commissaire, et en tant que de besoin, les casser
tout comme la délibération arrêtée le 4 août 1736, qui sera même biffée et bâ-
tonnée avec défenses d'en prendre de semblables ; ce faisant, donner acte au
corps de ville comme il adhère à l'opposition dénoncée par la requête du 17
août 1736, contre l'arrêt du 13 dudit mois, et en conséquence que Labourromme rétablira en main du garde ou trésorier, les sommes qu'il en a retirées
en vertu dudit arrêt, recevoir pareillement l'opposition du corps de ville à l'arrêt
du 15 février 1737, casser l'arrêt du 20 décembre 1737, la procédure faite par
le sieur de Carrere, commissaire, en vertu dudit arrêt ; ce faisant, que Graoüillet
et autres restitueront en main du garde ce qu'ils en ont enlevé pour les frais de
l'arrêt et procédure ; casser et annuller l'arrêt du 21 mars 1739, et les appointe-

mens des 14 et 27 février 1739, le tout rendu par le parlement de Pau ; et remettant les parties en l'état qu'elles étaient avant l'appointement du 26 juillet
1736, déclarer n'y avoir lieu d'exécuter l'arrêt du parlement de Pau, du 22 juin
1736, attendu l'arrêt du conseil, du 12 décembre 1739, qui sera exécuté, et en
conséquence déclarer les oppositions des 15 et 16 juillet aux jouissances de
Colomme, Esperbasque, Capdeville et autres légitimes, et ordonner qu'elles
tiendront, sauf s'ils se mettent dans le cas du règlement, en résidant et tenant
famille dans l'enclos de la ville, conformément audit règlement, et à l'arrêté du
conseil, du 12 décembre 1739, ladite enceinte fixée par la déclaration générale
de 1677, 1678 et autres, et donnant acte au corps de ville de l'offre par lui faite
de remettre en mains dudit sieur de Serilly, intendant, ou d'un de ses subdélé-
gués, les comptes des dix dernières années avant l'instance pour les vérifier,
relaxer ledit corps de ville de toutes les autres conclusions libellées par les parties, et condamner les Capdeville frères, Colomme, Esperbasque, Labourromme
et leurs consorts, et avec eux les nommés Bourdette, Barranque, Graoüillet et
Seré, solidairement en quinze mille livres de dommages et intérêts, frais frustratoires et dépens de toutes les instances envers le corps de ville, applicables
un tiers en propre aux jurats dudit corps de ville, et les deux tiers restans au
profit de la ville et communauté, se réservant, ledit corps de ville, de faire de
très-humbles remonstrances au sujet de l'arrêt du conseil, du 12 décembre 1739,
et contre les articles qui paraissent mériter quelqu'explication. Autre mémoire
instructif en forme de consultation produite ledit jour 24 décembre 1742, signé
de trois avocats au conseil, concernant les trois évocations jugées légitimes par
ladite consultation. Mémoire non signé, fourni par Pierre Lagoardette dit Millet,
de Salies, fils aîné de feu Théophile Lagoardette, concluant quant au civil, pour
les raisons y employées, qu'il plaise à Sa Majesté, en lui donnant acte de l'opposition qu'il dénonce à l'arrêt du 22 juin 1736, et cassant tout ce qui a été fait :
en conséquence, lui adjuger, pour le surplus, les conclusions prises par son père
dans sa requête du 21 février 1738 ; ce faisant, recevoir son opposition aux arrêts
des 15 février et 20 décembre 1737, casser la procédure faite par le sieur de
Carrere, commissaire, et ce qui s'en est ensuivi, et remettant la cause et parties
en l'état qu'elles étaient avant l'arrêt du 22 juin 1736, ordonner que les statuts

de 1587, et arrêts du conseil des 12 décembre 1739 et 23 août 1741, seront exécutés avec défenses d'y contrevenir; condamner Graoüillet, Bourdette et consorts, à rétablir en main du garde-bourcier les sommes enlevées pour frais de l'arrêt du 20 décembre 1737, et autres procédures; condamner pareillement ledit Labourromme, à restituer en main du garde les sommes qu'il en a retirées pour frais de la procédure du 4 août 1736, nonobstant la cassation d'icelle et de l'instance évoquée, en vertu de l'arrêt du 13 août 1736, sans préjudice audit Labouromme de son recours contre les habitans qui lui ont donné mission, et le condamner encore solidairement avec Graoüillet et autres, en 2000 liv. de dommages-intérêts envers ledit Lagoardette, d'autant mieux, que lesdits Labourromme et Bourdette, avec Colomme et Capdeville, sont les principaux auteurs du désordre, par l'avis de Capdeville, prêtre, qu'ils avaient machiné, et que l'on fit passer par délibération, ainsi que les jurats l'ont exposé plus amplement dans leur mémoire. Requête présentée par lesdits Danty aîné, Madonne et Hedembaig, avec les pièces y jointes, consistant en une copie du terrier ou cadastre des habitans de Salies de l'an 1535, celle d'un arrêt du parlement de Pau, du 6 mai 1661, et enfin une copie d'un arrêt du cinq novembre 1664, le tout informe, concluant lesdits Danty, Madonne et Hedembaig, qu'il plaise à Sa Majesté ordonner, conformément audit arrêt du conseil, du 12 décembre 1739, que le règlement concernant le partage de l'eau de la fontaine salée, du 11 novembre 1587, sera exécuté suivant sa forme et teneur; ce faisant, ordonner que personne ne pourra jouir du compte d'eau salée, qu'il ne soit fils et petit fils d'originaires part-prenans à ladite fontaine salée, résidant avec leur famille dans l'enceinte de la ville, ainsi qu'elle se trouve limitée et confrontée par la déclaration générale fournie par les syndics des part-prenans de l'année mil six cent soixante-dix-huit, homologuée par jugement des commissaires à ce députés par Sa Majesté, du 22 décembre 1679, avec défenses aux jurats et administrateurs d'y contrevenir, à peine d'interdiction, privation de leur droit à ladite fontaine, et de 3000 liv. d'amende; ce faisant, sans avoir égard à l'appointement du 26 juillet 1736, obtenu par ledit Labourromme, et le réformant, en tant que de besoin, casser la délibération prise devant le sieur de Colomme, commissaire, ledit jour 4 août 1736, condamner ledit Labourromme et délibérans, solidairement en la somme de trois mille livres de réparations et dommages-intérêts envers lesdits Danty, Madonne et Hedembaig : vu aussi l'avis dudit sieur de Serilly, intendant ; et tout considéré. LE ROI ÉTANT EN SON CONSEIL, en unissant les instances sur les affaires civiles d'entre les jurats de la ville et communauté de Salies, et les part-prenans à la fontaine d'eau salée de ladite ville, et y faisant droit, a débouté et déboute les nommés Danty, Madonne, Hedembaig, les jurats et corps de ladite ville de Salies, de la réformation par eux demandée de l'appointement du parlement de Pau, du 26 juillet 1736, les déboute pareillement, et le nommé Lagoardette, quant à la forme, de l'opposition à l'arrêt dudit parlement, du 22 juin de la même année 1736, sans néanmoins, que ledit arrêt puisse avoir aucun effet, lequel demeurera comme non avenu, attendu qu'il y a été pourvu par l'arrêt du conseil, du 12 décembre 1739, les déboute aussi de leur opposition à l'arrêt dudit parlement, du 13 août 1736, de l'appel et demande en cassation des ordonnances dudit sieur de Colomme, conseiller, par lui rendues en qualité de commissaire en cette partie, dans la procédure faite en exécution de l'arrêt du 22 juin, et de l'appointement du 26 juillet de la même année 1736. Et faisant droit au principal, sans s'arrêter à la demande en homologation de la délibération du 4 août 1736, formée par Montesquiu-Labourromme, syndic des part-prenans, laquelle délibération Sa Majesté a cassée et annullée, ni aux conclusions en dommages et intérêts, prises par ledit syndic contre Danty cadet, ancien maire, Fortain, jurat, Anty aîné, Madonne, Hedembaig et autres y dénommés, dont Sa Majesté les a déchargés ; a ordonné et ordonne que le règlement des 11 et 16 novembre 1587, arrêts rendus en conséquence, du 12 décembre 1739, seront exécutés selon leur forme et teneur, en ce qu'il n'y sera point dérogé par le présent arrêt ; en conséquence, que l'administration de la fontaine d'eau salée de ladite ville de Salies, sera faite par les jurats et quatre administrateurs-contrôleurs, conjointement à l'assistance du syndic et receveur, lesquels quatre administrateurs-contrôleurs, le receveur, et le syndic, seront nommés par le sieur intendant et commissaire départi dans ladite province de Béarn, de deux en deux ans, à compter du premier janvier de l'année prochaine 1744, à l'effet de laquelle nomination, ordonne, Sa Majesté, que les notables des part-prenans, seront assemblés avec les jurats et députés, le premier novembre de l'année, avant

5

laquelle lesdits officiers devront entrer en exercice audit jour premier janvier, dans laquelle assemblée sera fait choix de douze sujets dont la liste sera présentée au plus tard le premier décembre, audit sieur intendant et commissaire départi, pour être par lui choisi six sujets pour faire, pendant lesdites deux années, les fonctions d'administrateurs-contrôleurs, receveur et syndic. Veut Sa Majesté, que dans ladite assemblée des notables part-prenans, les jurats et députés, n'aient que le droit de présence seulement, sans que sous aucun prétexte ils puissent donner leur suffrage sur le choix desdits douze sujets. Fait, Sa Majesté, très-expresses inhibitions et défenses à tous autres qu'à ceux qui auront été ainsi nommés, de s'ingérer dans ladite administration, ni de troubler dans lesdites fonctions les jurats et administrateurs sous telles peines que de droit. Ordonne, Sa Majesté, que les receveurs des revenus de ladite fontaine seront tenus de remettre de trois en trois mois, à compter du premier janvier 1744, audit sieur intendant et commissaire départi, un bref état des recette et dépense qui seront faites sur le produit de la fontaine, lesquels états seront certifiés dudit receveur, des jurats, des administrateurs-contrôleurs; et du syndic; ordonne pareillement, Sa Majesté, que les comptes concernant l'administration et revenus de la fontaine seront rendus par les receveurs devant lesdits jurats et quatre auditeurs, qui seront choisis par les notables seulement, lesquels comptes seront rapportés et clos, par lesdits jurats et auditeurs dans les quinze premiers jours de l'année qui suivra celle où aura fini l'exercice desdits receveurs, dont un double desdits comptes collationné par le premier jurat, sera envoyé immédiatement après la clôture au sieur intendant et commissaire départi. Déclare, Sa Majesté, nulles et comme non avenues les radiations faites par les jurats, sans le consentement des part-prenans, le 16 juillet 1736, leur défend d'en faire de semblables à l'avenir, sous telles peines qu'il appartiendra, sans néanmoins que les particuliers dont les noms ont été rayés par lesdits jurats, puissent prétendre jouir des droits des part-prenans à ladite fontaine, si ce n'est sous les conditions portées par le présent arrêt. Et faisant droit sur l'opposition des jurats à ce que les particuliers non résidans dans l'enceinte ou enclos de la ville de Salies, participent aux comptes d'eau salée, et soient rétablis dans le livre de partage, si ce n'est dans le cas où ils y feront leur résidence et y tiendront famille. Ordonne, Sa Majesté, que lesdits particuliers demeureront privés de la jouissance dudit compte d'eau salée, jusqu'à ce qu'ils fassent leur résidence dans l'enceinte ou enclos de ladite ville de Salies avec leur famille, lesquels ne seront cependant rétablis dans le livre de partage, et admis à profiter de l'eau salée, qu'après six mois d'habitation actuelle dans l'enceinte de ladite ville : ordonne au surplus, Sa Majesté, que jusqu'à ce que lesdits particuliers aient été reçus à participer à la jouissance de ladite eau salée, ils ne pourront être nommés administrateurs-contrôleurs, et notables, ni être appelés aux assemblées desdits part-prenans pour y avoir voix délibérative, le tout conformément au règlement de 1587. Arrêts du parlement de Pau, rendus en conséquence, et à l'arrêt du conseil du 12 décembre 1739, à l'exception néanmoins des particuliers qui ayant droit, suivant ce qui a été dit ci-dessus, de participer à ladite fontaine salée, ne résideraient point dans ladite ville de Salies, à cause du service qu'ils rendent à Sa Majesté dans ses armées ou ailleurs ; et à l'exception aussi des présidens, conseillers, procureurs et avocats-généraux, substituts du procureur-général, et greffier en chef du parlement de Pau, qui seraient dans le même cas, lesquels Sa Majesté a dispensé et dispense de résidence dans la ville de Salies, à l'effet de jouir du compte d'eau salée, sans que sous aucun prétexte aucuns autres particuliers non résidans puissent jouir de leur droit sur ladite fontaine, sauf à eux à se conformer aux conditions prescrites par le présent arrêt. Fait, Sa Majesté, défenses de convoquer aucune assemblée générale des part-prenans, sous quelque prétexte, et pour quelque cause que ce soit, sans en avoir auparavant obtenu la permission du commissionnaire départi, aux peines portées par les ordonnances. Et sur les demandes pour le rétablissement entre les mains du garde-bourcier ou trésorier, des sommes reçues par les syndics et autres, tant au nommé Morlaas, trésorier en 1736, qu'autres trésoriers depuis ladite année en exécution des arrêts ou appointemens du parlement de Pau : met, Sa Majesté, les parties hors de cour et de procès, sans cependant tirer à conséquence, et pareillement sur les conclusions prises par Bourdette et Barranque, en condamnation des frais prétendus faits mal à propos et dommages et intérêts contre les jurats et députés pour avoir signé la cédule évocatoire du 28 juin 1738, et passé la procuration du 20 janvier 1739, pour faire la cédule évocatoire du 22 dudit mois, met, Sa Majesté, les parties hors de cour et de procès, comme aussi sur les dommages et intérêts, et frais demandés par les jurats contre Colomme, Esperbasque, les Capdeville frères, leurs consorts, Bourdette, Barranque, Graoüillet et Seré. Au surplus, ordonne, Sa Majesté, que les jurats et députés de ladite ville de Salies remettront, dans un mois, au sieur intendant et commissaire départi dans la province de Béarn, ou celui qui sera par lui commis, les comptes des gardes trésoriers et receveurs, des dix dernières années, avant la délibération, du 4 août 1736, et les comptes du garde et receveur de ladite année 1736, avec les pièces justificatives, pour le tout, communiqué au syndic des part-prenans, être fourni tels blâmes, débats, réponse et souténemens qu'il appartiendra, pour, sur le tout, être par ledit sieur intendant et commissaire départi, procédé à la vérification ou révision desdits comptes, ainsi qu'il appartiendra : entend, Sa Majesté, que les ordonnances qui seront par lui rendues contre les reliquataires, si aucuns y a, soient exécutées nonobstant toutes oppositions ou appelations ; et sans y préjudicier, et lesdits comptables reliquataires contraints au paiement desdits reliquats par toutes vois, même par corps, et leurs veuves et héritiers par saisie et exécution de leurs meubles et effets, sans préjudice néanmoins aux parties, après les vérifications et révisions desdits comptes, de faire procéder devant ledit sieur intendant et commissaire départi, au jugement des affaires criminelles qui restent à juger, et ce conformément à l'arrêt du conseil, du 25 janvier 1742. Au surplus, Sa Majesté a évoqué et évoque à soi et à son conseil, les procès et différens nés et à naître, tant au parlement de Pau, que devant tous autres juges entre les jurats de Salies, les administrateurs, les part-prenans et les particuliers qui ont été rayés du registre desdits part-prenans, et exclus de la jouissance du compte d'eau salée, ensemble le procès pendant audit parlement de Pau, entre la dame d'Espalungue et le syndic desdits part-prenans, tous lesquels procès, Sa Majesté a renvoyé et renvoie devant ledit sieur intendant et commissaire départi en la province de Béarn, pour être par lui jugés, sauf l'appel au conseil, lui attribuant Sa Majesté, de même que pour juger les vérifications et appellations des clôtures desdits comptes des revenus de la fontaine, et toutes autres contestations sur l'administration de ladite fontaine de quelque nature qu'elles soient, mêmes sur les droits, places, honneurs et priviléges des jurats, contrôleurs-administrateurs, syndics, receveurs et notables part-prenans, toute cour, jurisdiction et connaissance, et icelle interdissant à toutes ses cours et autres juges. Ordonne, Sa Majesté, que le présent arrêt sera enregistré, tant sur les registres des délibérations de la communauté, que sur les registres concernant l'administration de ladite fontaine, est déposé dans les archives de ladite ville de Salies, tous dépens compensés. Enjoint, Sa Majesté, au sieur intendant et commissaire départi dans ladite province de Béarn, d'y tenir la main ainsi qu'à l'entière exécution dudit arrêt. Fait au Conseil d'Etat du Roi, SA MAJESTÉ Y ÉTANT, tenu à Versailles, le douzième jour de mai mil sept cent quarante-trois, *Signé*, PHELYPEAUX.

JEAN–NICOLAS MEGRET DE SERILLY, CHEVALIER, *comte de Chapelaine, seigneur de Sommessous, Auximont et Vassimont, conseiller du roi en ses conseils, conseiller d'honneur en sa cour des aides de Paris, Mᵉ des requêtes ordinaires de son hôtel, intendant de justice, police et finances en Navarre, Béarn et généralité d'Auch.*

Vu l'arrêt dn conseil ci-dessus :   NOUS ordonnons que ledit arrêt sera exécuté selon sa forme et teneur. Fait à Bayonne, le 30 mai 1743. *Signé*, SERILLY. *Et plus bas*, par Monseigneur, MALUZ.

ARRÊTÉS

Du Préfet du département des Basses-Pyrénées et des Consuls de la République, relatifs à l'Administration de la Fontaine salée de Salies.

Des 4 floréal an 9 et 11 messidor an 10.

Extrait des registres de la Préfecture des Basses-Pyrénées.

LE Préfet des Basses-Pyrénées, sur le compte qui lui a été rendu de l'état actuel de l'administration de la fontaine salée de Salies, et de la réclamation des régisseurs.

Arrête provisoirement :

Article Premier.

La fontaine salée de Salies sera administrée par le maire, les deux adjoints et le commissaire de police, et par quatre administrateurs-contrôleurs.

Art. II.

Il y aura en outre un syndic chargé de la poursuite des affaires relatives à la fontaine, et un receveur.

Art. III.

Les quatres administrateurs-contrôleurs, le syndic et le receveur seront nommés par le Préfet sur une liste indicative de douze sujets qui seront choisis parmi les part-prenans de l'eau salée.

Art. IV.

Ce choix sera fait par quarante notables part-prenans qui seront désignés par le maire, adjoints et commissaire de police.

Art. V.

Les notables part-prenans se réuniront sur la convocation du maire. Il présidera leur assemblée : la présence de deux tiers sera nécessaire pour délibérer.

Art. VI.

Le maire fera parvenir le plutôt possible, au Préfet, par la voie du Sous-préfet, la liste indicative ci-dessus prescrite.

Art. VII.

Les régisseurs et le syndic actuels cesseront sur le champ leurs fonctions et remettront au maire les titres et papiers relatifs à la fontaine d'eau salée dont ils sont nantis, sur inventaire qui sera fait double lequel sera signé du maire et d'un des régisseurs.

Art. VIII.

Le receveur actuel remettra pareillement au nouveau receveur les sommes déposées dans sa caisse appartenantes à la masse des part-prenans, moyennant une reconnaissance que le nouveau receveur sera tenu de lui en fournir et qui lui servira de décharge.

Art. IX.

Il rendra compte des recettes et dépenses des dix dernières années devant les nouveaux administrateurs et quatre commissaires-auditeurs, ceux-ci seront nommés à cet effet par les notables part-prenans.

Art. X.

Le Préfet prendra ultérieurement, telles mesures qu'il appartiendra sur l'administration de la fontaine salée.

Art. XI.

Le présent arrêté sera transcrit sur les registres de l'administration de la fontaine salée, publié et affiché dans la commune de Salies.

Pau, le 4 floréal an 9 de la République Française.

Signé, SERVIEZ.

Pour expédition,
Le secrétaire général de préfecture, signé Daguette.

Pour ampliation,
Le Sous-préfet de l'arrondissement d'Orthez, signé PARAIGE.

MINISTÈRE DE L'INTÉRIEUR.

LIBERTÉ.   *ÉGALITÉ.*

AMPLIATION.

Extrait des Registres des Délibérations des Consuls de la République.

Paris, le 11 messidor l'an 10 de la République, une et indivisible.

Les Consuls de la République sur le rapport du ministre de l'intérieur;

Considérant que l'arrêt du conseil d'état du 12 mai 1743 avait réglé que le ci-devant intendant de Béarn nommerait les administrateurs-contrôleur, un syndic et un receveur pour administrer la fontaine d'eau salée de Salies, conjointement avec les jurats, qu'il les choisirait entre douze candidats qui lui seraient présentés par l'assemblée des notables des part prenans et qu'il vérifierait et approuverait leurs comptes de gestion.

Que les administrations de département et ensuite les préfets ont remplacé les ci-devant intendans dans les fonctions administratives qui leur étaient déléguées.

Que l'arrêt du conseil du 12 mai 1743 n'a été annullé par aucune loi, ni par aucun acte du Gouvernement.

Qu'il est de l'intérêt public et de l'intérêt particulier de la commune de Salies, que le mode d'administration de la fontaine salée de Salies, qui avoit été réglé soit maintenu.

Le conseil d'état entendu.

ARRÊTENT :

ARTICLE PREMIER.

L'arrêt du ci-devant conseil d'état du 12 mai 1743, en ce qui concerne la nomination des administrateurs de la fontaine de Salies et la reddition de leurs comptes, sera suivi. En conséquence, le préfet du département des Basses-Pyrénées est autorisé à faire la nommination desdits administrateurs, entre douze candidats qui lui seront présentés par les notables des part-prenans aux revenus de ladite fontaine ; il vérifiera tous les ans et apurera leurs comptes.

ART. II.

L'arrêté provisoire que le préfet a pris à ce sujet le 4 floral an 9, est confirmé ; il prendra en outre les mesures nécessaires pour contraindre l'ex-receveur à rendre le compte de ses recettes, et pour faire remettre par lui et les ex-administrateurs les titres et papiers relatifs à l'administration de ladite fontaine ; en conséquence, le jugement du tribunal d'Orthez, du 22 germinal an 10, est regardé comme non-avenu.

ART. III.

Le ministre de l'intérieur est chargé de l'exécution du présent arrêté.

Le premier Consul ; signé BONAPARTE.

Par le premier Consul ; le secrétaire d'état, signé HUGUES B. MARET.

Pour ampliation ; le ministre de l'intérieur, signé CHAPTAL.

Pour copie conforme,
Le secrétaire général de préfecture, signé DAGUETTE.

161